Superwissenschaftler

Galileo Galilei

Albert Einstein

Charles Darwin

Stephen Hawking

NATIONAL GEOGRAPHIC KiDS

Inhalt

G
E

Galileo Galilei

Mein Name ist Galileo Galilei. Ich bin ein Astronom, also ein Forscher, dessen Fachgebiet die Sternenkunde ist. Außerdem bin ich Physiker und Philosoph. Manchmal werde ich als „Vater der modernen Wissenschaft" bezeichnet, weil ich mit meinem Werk wichtige Grundlagen für die Naturwissenschaft gelegt habe.

Begleitet mich auf meinem Lebensweg, denn ich möchte euch zeigen, welche Gesetzmäßigkeiten der Natur ich beobachtet habe und wie ich diese dann mithilfe der Mathematik beweisen konnte.

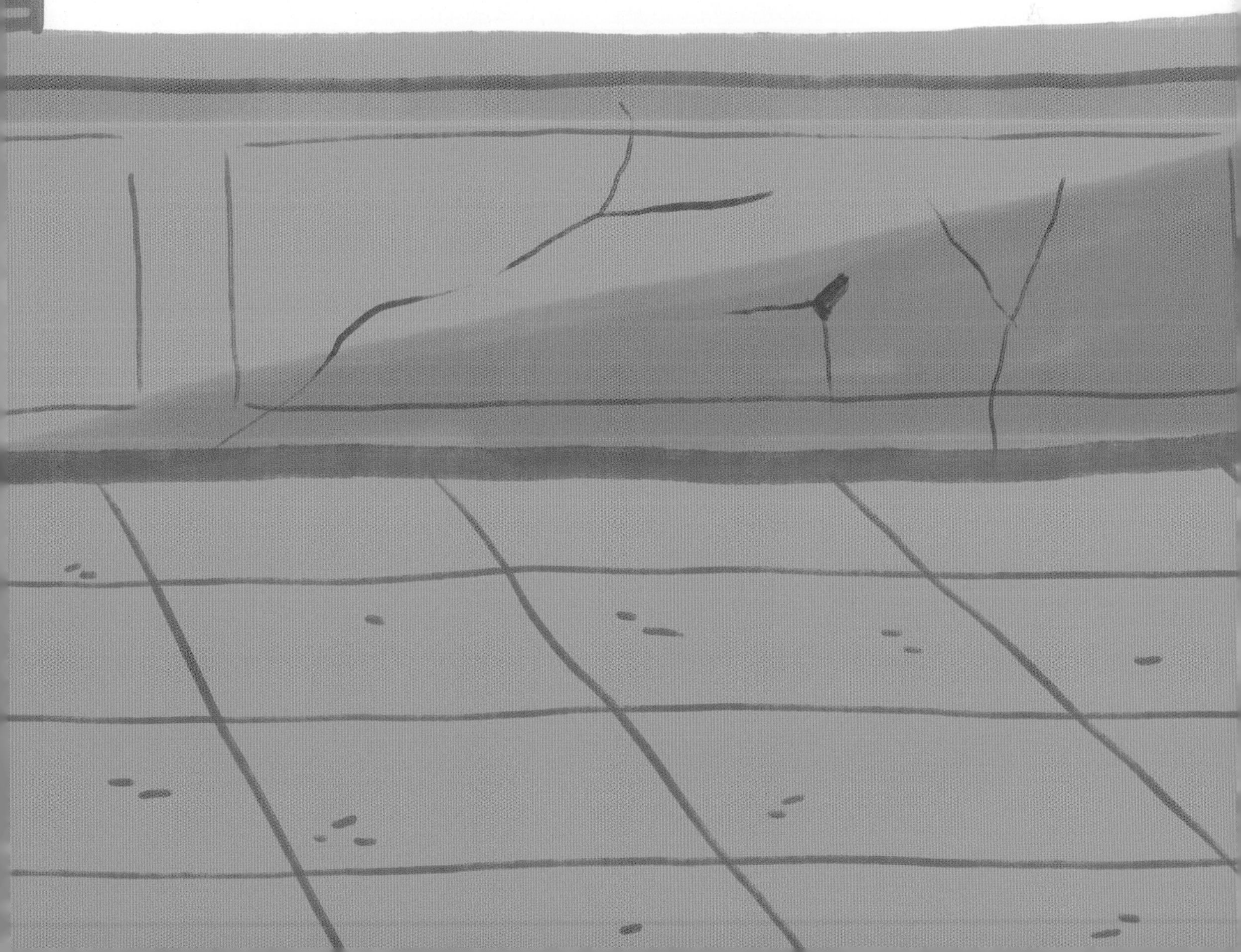

Ich wurde am 15. Februar 1564 in der italienischen Stadt Pisa geboren. Meine Mutter war Giulia Ammannati. Mein Vater Vincenzo Galilei war ein bekannter Musiker und Musiktheoretiker. Ich war das erste der sieben Kinder meiner Eltern.

Im Jahr 1574 zog meine Familie nach Florenz um, und ich wurde fortan im Kloster Vallombrosa erzogen.

In dieser Zeit dachte ich darüber nach, ein Mönch zu werden, aber mein Vater hatte andere Pläne mit mir. 1580 schickte er mich zum Medizinstudium an die Universität in Pisa.

Ich interessierte mich für viele Themen, besonders aber für Philosophie und Mathematik. Deshalb wechselte ich das Studienfach. Ich lernte alles über das Weltbild des griechischen Philosophen Aristoteles, das auch in meiner Zeit für die Wissenschaft noch bestimmend war und von der römisch-katholischen Kirche als das einzig richtige anerkannt wurde.

Ab 1585 erforschte ich zwei Jahrzehnte lang die Bewegung von Objekten, und 1586 beschrieb ich einem Text mit dem Titel „*La bilancetta*", „Die kleine Waage", eine Methode zur exakten Bestimmung des spezifischen Gewichts von Objekten durch das Wiegen in Luft und in Wasser. Diese „hydrostatische Waage" brachte mir einen gewissen Ruhm ein.

Mein wissenschaftlicher Ruf verhalf mir zu einer Stelle als Mathematikprofessor an der Universität in Pisa. In dieser Zeit experimentierte ich mit Objekten, deren Fallgeschwindigkeit ich untersuchte. Meine Ergebnisse schrieb ich nieder. So entstand das Manuskript von „*De motu*“, „Über Bewegung“.

Meine Studienergebnisse darin stellten das Weltbild von Aristoteles infrage, was einige meiner Kollegen verärgerte. Daher wurde mein Vertrag mit der Universität, der bis 1592 befristet war, nicht verlängert.

Glücklicherweise wurde ich als Professor für Mathematik an die Universität in Padua berufen. 18 Jahre lang hielt ich dort Vorlesungen, die so unterhaltsam waren, dass ich immer viele Zuhörer hatte, und ich führte viele unterschiedliche Experimente durch.

Im Jahr 1600 lernte ich Marina Gamba kennen. Sie stammte aus Venedig. Obwohl wir nicht verheiratet waren, bekamen wir drei gemeinsame Kinder: zwei Töchter - Virginia und Livia - und einen Sohn, den wir Vincenzio nannten.

Marina
Gamba

Im Juli 1609 erfuhr ich, dass ein Brillenmacher in Holland ein Fernrohr entwickelt hatte. Das faszinierte mich so, dass ich sofort mit der Konstruktion eines eigenen, weiter verbesserten Fernrohrs begann, und bereits im August desselben Jahres war es einsatzbereit.

Ich führte das Fernrohr einigen venezianischen Händlern vor. Als sie erkannten, wie gut es geeignet war, um nach Schiffen Ausschau zu halten, gaben sie die Anfertigung mehrere Exemplare bei mir gegen Bezahlung in Auftrag.

Ich selbst nutzte mein Fernrohr zu einem ganz anderen Zweck: die Erforschung des Weltraums. Als ich es auf den Himmel richtete, machte ich unerwartete Entdeckungen mit weitreichenden Folgen. Ich erkannte, dass der Mond keine glatte Kugel ist, sondern dass er eine Oberfläche hat, auf der es Berge und Krater gibt. Außerdem beobachtete ich, wie das Sonnenlicht auf den Mond und auch auf die Venus fällt. Ich bemerkte, dass die Venus wie der Mond Phasen hatte, was bedeutete, dass dieser Planet um die Sonne kreiste.

Die Erkenntnisse, die ich durch das Himmelsstudium mit meinem Fernrohr gewann, bestätigten die Theorie von Nicolaus Kopernikus aus dem Jahr 1543, die besagt, dass die Sonne und nicht die Erde den Mittelpunkt des Universums bildet und dass die Erde und die anderen Planeten um die Sonne kreisen. Diese Vorstellung des Weltraums wird auch als „heliozentrisches Weltbild" bezeichnet - *„Helios"* ist das griechische Wort für „Sonne".

Meine Erkenntnisse widersprachen dem Weltbild von Aristoteles mit der Erde als Mittelpunkt des Universums und untermauerten dagegen die Sicht von Kopernikus. Da das Weltbild der römisch-katholischen Kirche aber auf Aristoteles gestützt war, geriet ich in Konflikt mit der Kirche.

Vertreter der Inquisition – das ist ein hohes Kirchengericht – erklärten die kopernikanische Theorie für ketzerisch, weil sie von der kirchlichen Weltsicht abweicht. Sie befahlen mir 1616, sie weder zu lehren noch zu verteidigen.

Sieben Jahre später, 1623, wurde mein Freund Kardinal Maffeo Barberini zum Papst gewählt und nannte sich jetzt Papsts Urban VIII. Mit seinem Segen durfte ich meine astronomischen Studien fortsetzen, allerdings nur, solange ich das Weltbild von Kopernikus lediglich als mögliche Theorie beschrieb. Leider wurde mein Text „Dialog über die zwei wichtigsten Weltsysteme, das ptolemäische und das kopernikanische", der 1632 erschien, als Befürwortung dieser Theorie angesehen.

Ich musste unverzüglich wieder vor dem Inquisitionsgericht in Rom erscheinen. Dankenswerterweise brachte man mich während des Prozesses, der von September 1632 bis Juni 1633 dauerte, nicht ins Gefängnis.

Das Gericht verurteilte mich schließlich wegen Ketzerei zu lebenslanger Haft. Die Strafe wurde später zu Hausarrest abgemildert, und ich durfte in mein Haus in Arcetri bei Florenz zurückkehren.

Wieder zu Hause schrieb ich ein weiteres Buch über meine Forschung mit dem Titel *„Discorsi e dimostrazioni matematiche intorno a due nuove scienze"*, „Unterredungen und mathematische Demonstrationen über zwei neue Wissenszweige, die Mechanik und die Fallgesetze betreffend", das 1638 in Holland veröffentlicht wurde.

Meine Gesundheit begann sich zu verschlechtern, und ich wurde blind. Am 8. Januar 1642 starb ich im Alter von 77 Jahren in meinem Haus in Arcetri.

Im Jahr 1757 sah die römisch-katholische Kirche schließlich ein, dass sie die Ergebnisse der Wissenschaft nicht länger leugnen konnte, und hob das Verbot der meisten Werke auf, die das Weltbild von Kopernikus stützten.

Im Laufe des 20. Jahrhunderts wurde der Wert meiner Forschung auch von der Kirche anerkannt, und 1992 erklärte Papst Johannes Paul II. öffentlich, dass meine Erkenntnisse von Anfang an richtig gewesen sind. So wurde mein Ruf als Wissenschaftler nach sehr langer Zeit wiederhergestellt.

Im Laufe meines Lebens bin ich zu wissenschaftlichen Erkenntnissen gelangt, die sich von den gängigen Ansichten unterschieden haben. Ich denke, es ist wichtig, seine eigene Meinung zu prüfen und mit Beweisen zu untermauern, und wenn sie sich bestätigt, sie mutig zu vertreten. Man sollte aber auch immer bereit sein, sich die Vorstellungen anderer anzuhören - vielleicht kann man etwas von ihnen lernen!

SONNE

Galileo Galilei wird am 15. Februar in Pisa in Italien geboren.

1564

Während seines Studiums an der Universität in Pisa lernt er das Weltbild von Aristoteles kennen.

1583

1574

Die Familie zieht um nach Florenz, und Galileo Galilei wird fortan im Kloster Vallombrosa erzogen.

1585

Er verlässt die Universität ohne Abschluss und beginnt, die Bewegung von Objekten zu erforschen.

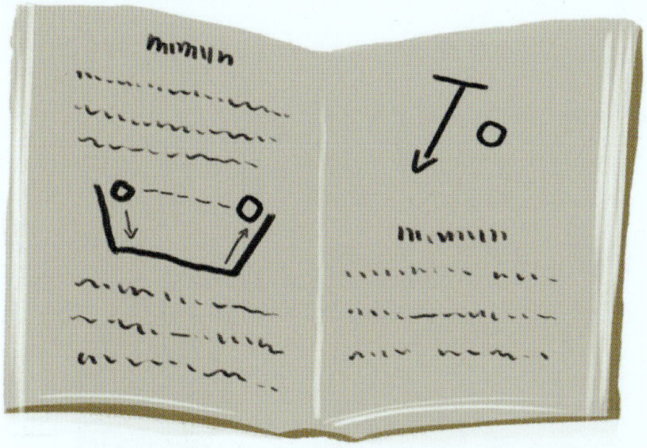

Galileo Galilei verfasst „*De Motu*", „Über Bewegung" und stellt damit das Weltbild von Aristoteles infrage. Das verärgert seine Kollegen.

Er lernt Marina Gamba kennen, und das Paar bekommt drei Kinder.

1589

1600

1592

1609

Er wird Professor für Mathematik an der Universität von Padua.

Die Entwicklung eines Fernrohrs erlaubt ihm, den Weltraum zu erforschen, und er macht erstaunliche astronomische Entdeckungen.

Die Forschungen von Galileo Galilei unterstützen das Weltbild von Nikolaus Kopernikus. Die Kirche verlangt von ihm, diese Erkenntnisse nicht zu verbreiten.

1616

1623

Kardinal Maffeo Barberini wird unter dem Namen Urban VIII. Papst. Er erlaubt Galileo Galiliei die Fortsetzung seiner astronomischen Studien.

1632

Er gerät erneut in Widerstreit mit der Kirche und muss vor dem Inquisitionsgericht in Rom erscheinen.

1633

Galileo Galilei wird wegen Ketzerei zu lebenslanger Haft verurteilt und verbringt den Rest seines Lebens unter Hausarrest in Arcetri.

1638

Galileo Galileis letztes Werk, ein Buch über die Bewegung von Objekten, wird in Holland veröffentlicht.

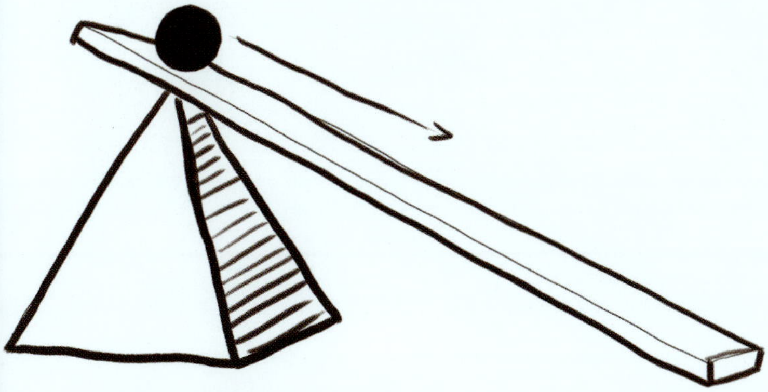

1642

Am 8. Januar stirbt er im Alter von 77 Jahren in seinem Haus in Arcetri.

1757

Die katholische Kirche hebt das Verbot von Werken auf, die das Weltbild von Kopernikus vertreten.

1992

Papst Johannes Paul II. erklärt die Forschungsergebnisse von Galileo Galilei öffentlich für richtig.

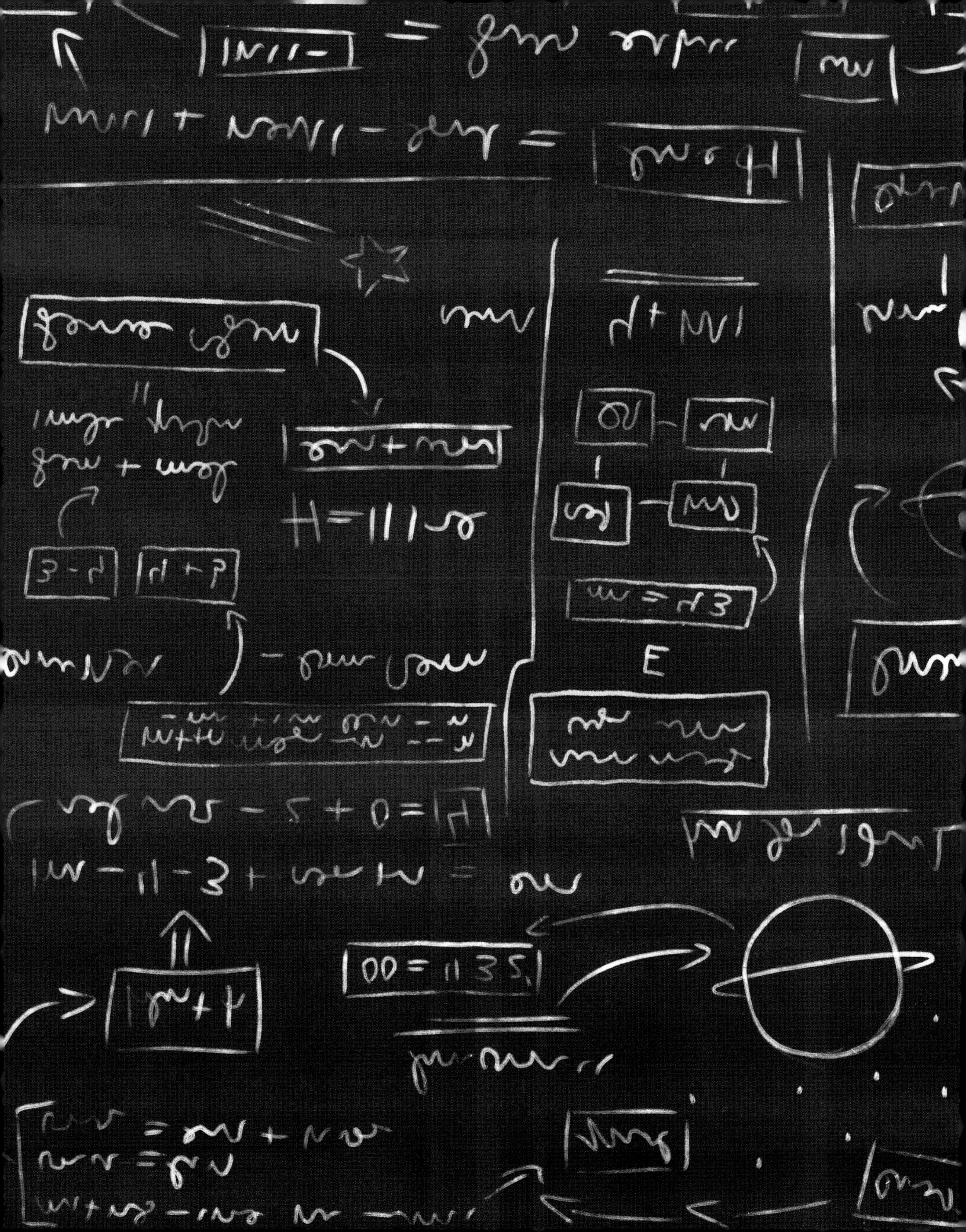

Albert Einstein

Mein Name ist Albert Einstein, und ich bin ein weltberühmter Mathematiker und Physiker.

Mein ganzes Leben lang habe ich Antworten auf viele wichtige Fragen gesucht und gefunden.

Begleitet mich auf meiner Reise voller wissenschaftlicher Entdeckungen, die für immer die Art und Weise verändert haben, wie wir über Energie, Schwerkraft und die Welt, die uns umgibt, denken.

$$E=MC^2$$

Ich wurde am 14. März 1879 in der deutschen Stadt Ulm im damaligen Württemberg geboren. Mein Vater Hermann war Unternehmer und Elektrotechniker, und meine Mutter Pauline kümmerte sich um den Haushalt. Zwei Jahre nach mir kam meine kleine Schwester Maja zur Welt. Wir waren eine nicht strenggläubige jüdische Familie.

Sechs Wochen nach meiner Geburt zog meine Familie nach München, und mein Vater gründete zusammen mit seinem Bruder die Firma Elektrotechnische Fabrik J. Einstein & Cie. Dort wurden elektrische Geräte hergestellt.

Meine Schule war das Luitpold-Gymnasium, wo ich meine Leidenschaft für klassische Musik und das Geigenspiel entdeckte, die mich mein Leben lang begleiten sollte.

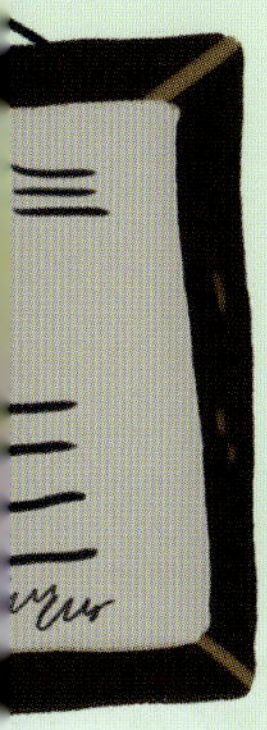

Im Jahr 1896 bewarb ich mich für ein Studium in der Schweiz am Polytechnikum Zürich. Ich bestand die Aufnahmeprüfung mit Bravour und bereitete mich darauf vor, Physik- und Mathematiklehrer zu werden. Doch nach meinem Abschluss hatte ich zunächst Schwierigkeiten, eine Stelle zu finden.

Ich wurde Schweizer Staatsbürger und bekam 1902 eine Anstellung beim Schweizer Patentamt in Bern. Im folgenden Jahr heiratete ich Mileva Marić, eine brillante serbische Physikerin, die ich seit dem Studium kannte und mit der ich schon eine Tochter hatte. Wir bekamen danach noch zwei Söhne.

Während meiner Zeit beim Patentamt ging ich auch einigen Ideen nach, die mich seit meinen Studientagen am Polytechnikum beschäftigten.

1905 sollte eines der wichtigsten Jahre meiner Karriere werden. In dieser Zeit erhielt ich meine philosophische Doktorwürde und veröffentlichte vier Beiträge in den *Annalen der Physik*, damals eine der bedeutendsten Fachzeitschriften für Physik. Zwei davon behandelten den Photoelektrischen Effekt und die anderen beiden meine Spezielle Relativitätstheorie.

ANNALEN DER
PHYSIK

Um die Beziehung zwischen Materie und Energie zu erklären, stellte ich eine Gleichung auf: $E = mc^2$. Die Ruheenergie (E) eines Objekts entspricht der Masse (m) dieses Objekts mal der Lichtgeschwindigkeit im Quadrat (c^2). Diese Entdeckung bedeutete, dass winzige Materiepartikel in riesige Mengen von Energie umgewandelt werden können.

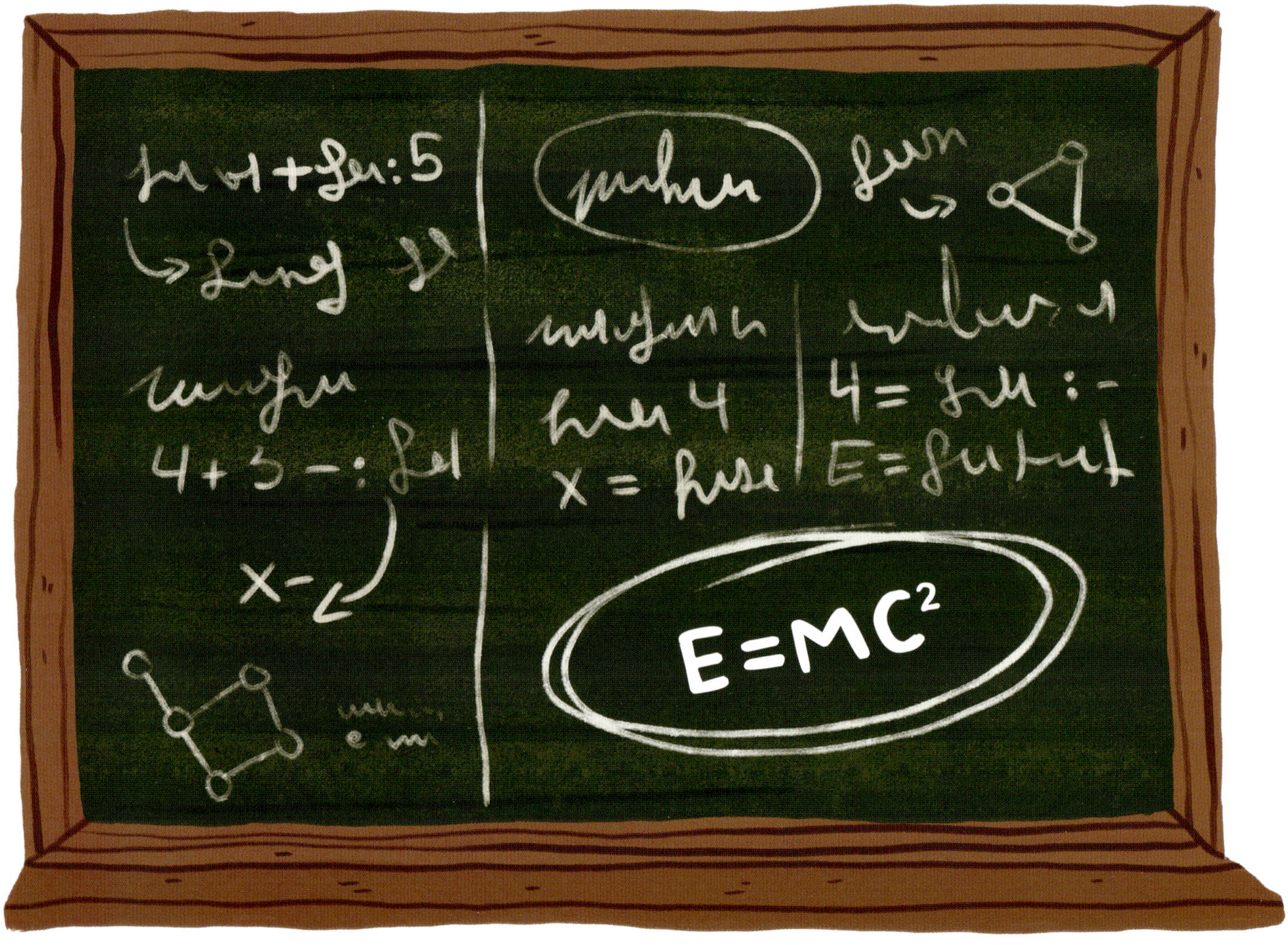

Plötzlich war ich sehr gefragt. 1909 wurde ich zum außerordentlichen Professor an der Universität Zürich berufen, einige Jahre später wurde ich Professor der Theoretischen Physik in Prag. Außerdem war ich Direktor des Kaiser-Wilhelm-Instituts für Physik in Berlin und ab 1914 Professor an der Berliner Universität. In diesem Jahr wurde ich auch wieder deutscher Staatsbürger.

Im November 1915 vollendete ich meine Allgemeine Relativitätstheorie. Es war der Höhepunkt meiner Forschung! Mit dieser Theorie konnten wir die Umlaufbahnen von Planeten um die Sonne präziser vorhersagen und genauer als jemals zuvor erklären, wie die Gravitationskraft funktioniert.

Die angesehenen britischen Astronomen Sir Frank Dyson und Sir Arthur Eddington nahmen während einer Sonnenfinsternis 1919 Messungen vor und machten Beobachtungen, die meine Annahmen bestätigten. Von nun an war ich berühmt in der Welt der Wissenschaft.

1921 wurde mir der Nobelpreis für Physik verliehen. Damit wurde meine Erklärung des Photoelektrischen Effekts gewürdigt, die besagt, dass Licht sowohl eine Welle als auch ein Teilchen ist. Dieses Phänomen ist als Welle-Teilchen-Dualismus bekannt und spielte eine Rolle bei der Entwicklung von Mikroskopen und Solarzellen.

Wenn Lichtteilchen, die Photonen, eine metallische Oberfläche erreichen, treffen sie auf Elektronen. Die Photonen nutzen einen Teil ihrer Energie, um die Elektronen aus der Oberfläche zu lösen. Die übrige Energie der Photonen überträgt sich auf die frei gewordenen negativ geladenen Teilchen - die Photoelektronen.

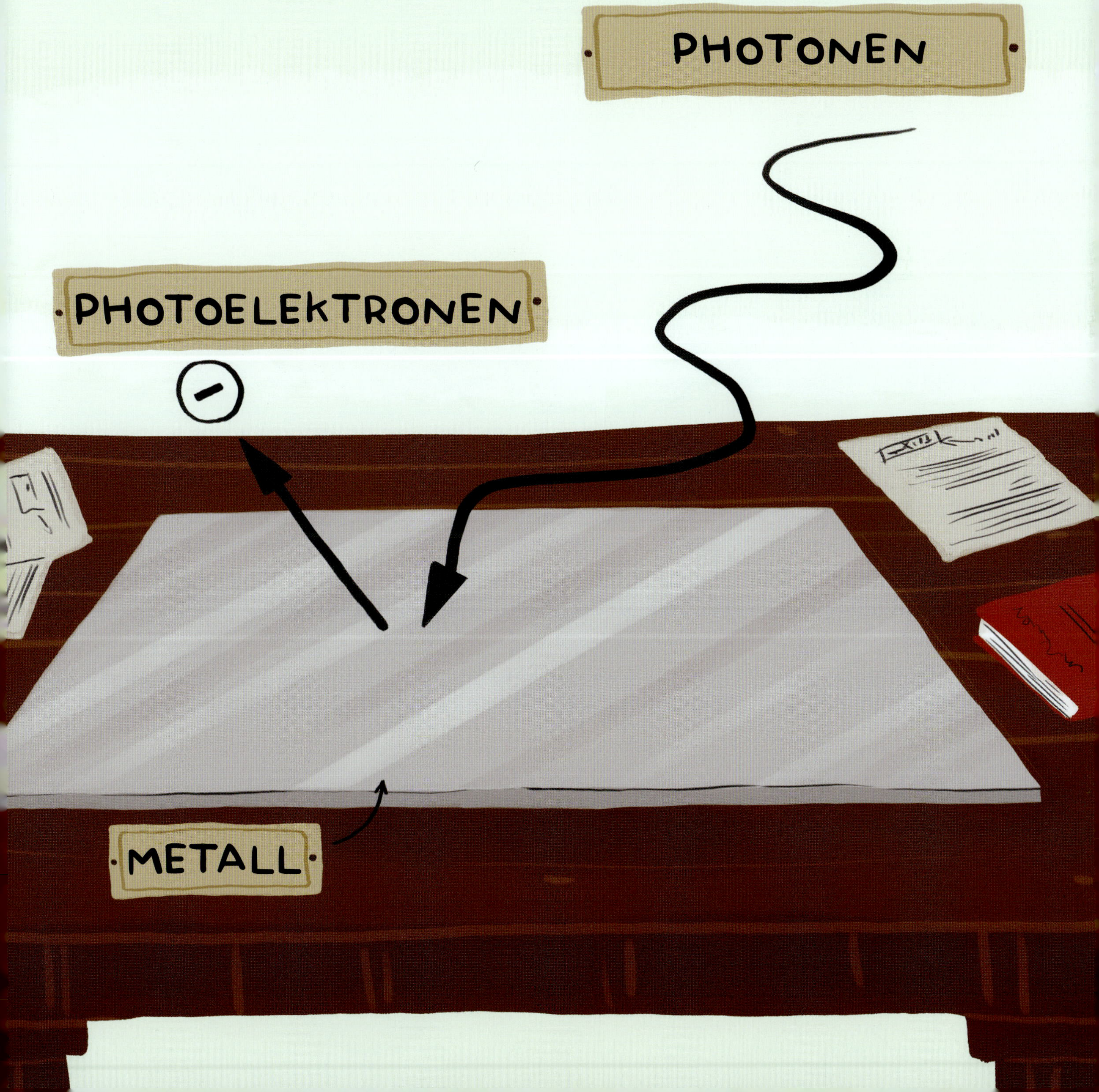

1933 wanderte ich von Berlin nach Amerika aus. Ich war mit dem Aufstieg der Nationalsozialisten nicht einverstanden und gab meine deutsche Staatsbürgerschaft aus politischen Gründen auf. Im Jahr 1940 wurde ich US-amerikanischer Staatsbürger.
Ich lebte in der Gemeinde Princeton und war Professor für Theoretischen Physik an der Princeton University. Diese Universität war ein herausragendes Forschungszentrum der Theoretischen Physik. Ich arbeitete dort, bis ich 1945 meinen Ruhestand antrat.

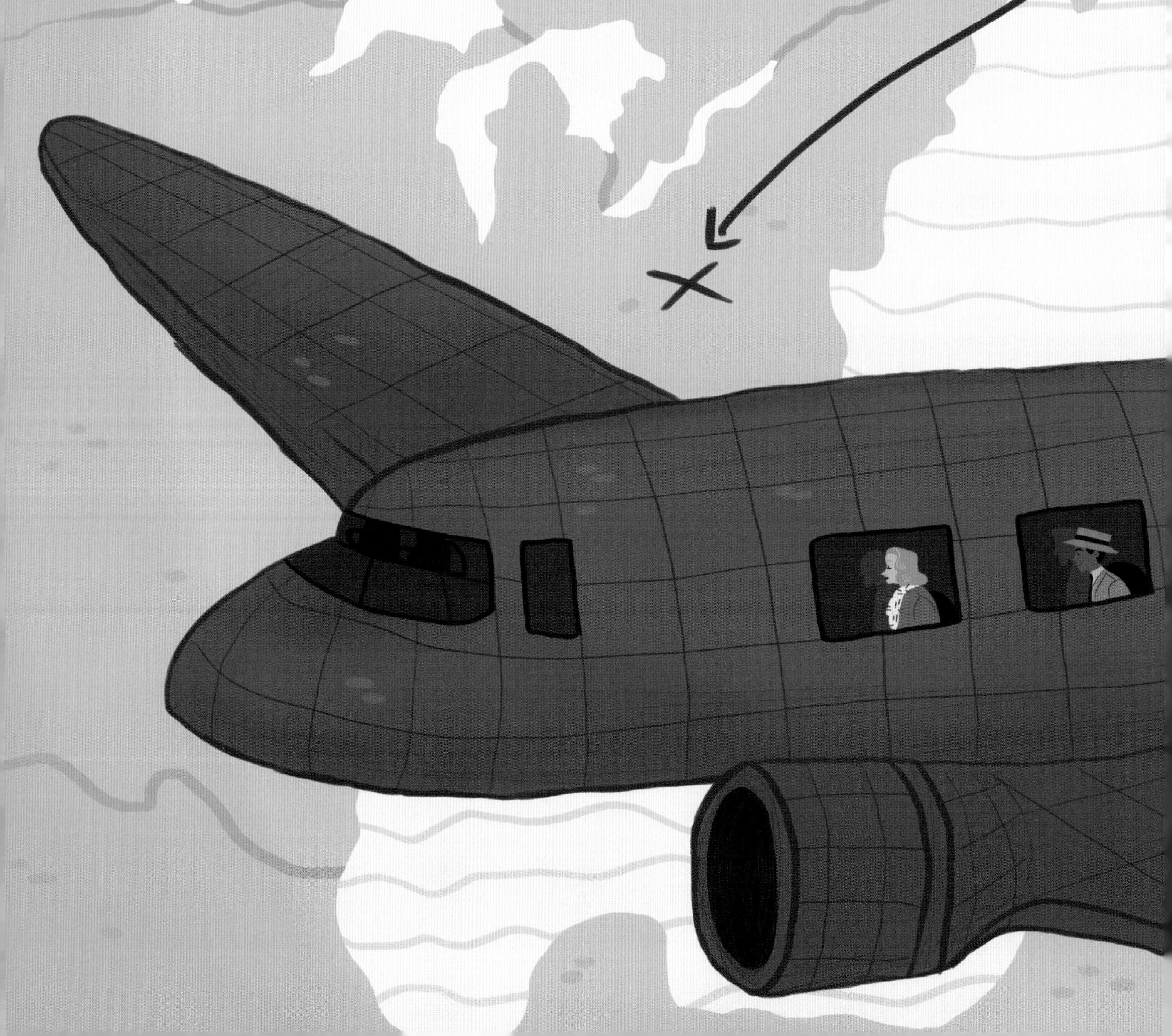

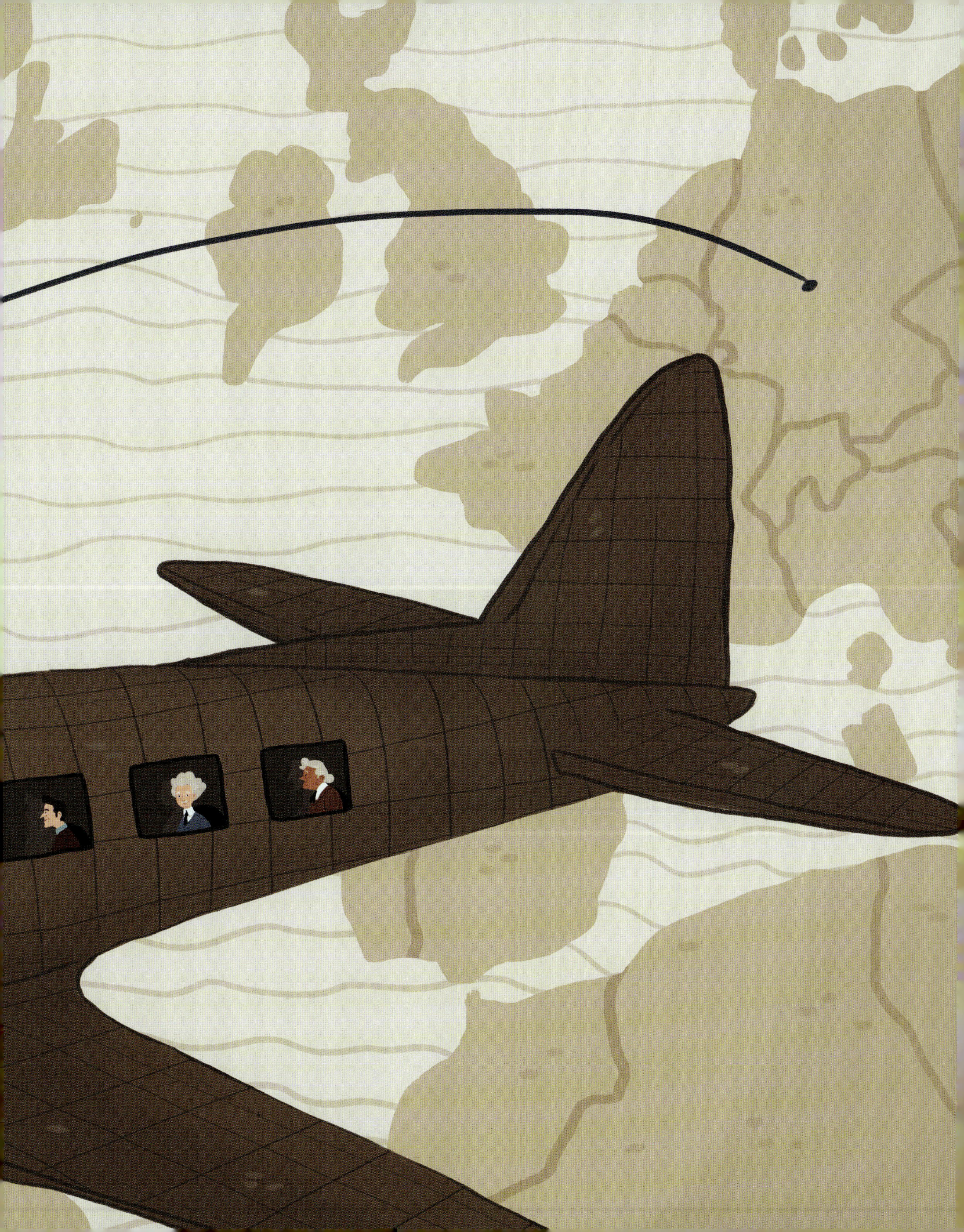

Nach dem Zweiten Weltkrieg machte ich mich für eine Weltregierung stark. Der Weltfrieden war mir ein großes Anliegen, und Patriotismus schien mir allzu oft als Entschuldigung für Gewalt zu dienen. Ich verstand mich selbst als Weltbürger und war daher ein Befürworter des Völkerbundes und dessen Nachfolgers, der Vereinten Nationen.

Mein Leben lang verbrachte ich viel Zeit damit, nachzudenken und Pläne zu schmieden. In den seltenen Momenten der Entspannung half mir die Musik, meinen regen Geist zur Ruhe zu bringen. Wie in der Musik sollten auch in meiner Forschungsarbeit Harmonie und Schönheit liegen.

Ich nahm zu Lebzeiten immer wieder an Hirnstudien teil und wollte, dass mein Gehirn nach meinem Tod Ärzten zur Verfügung gestellt würde, damit sie es untersuchen könnten. Der Neurologe Thomas Stoltz Harvey erfüllte diesen Wunsch, und heute wird mein Gehirn im Klinikum der Princeton University aufbewahrt.
Als kanadische Wissenschaftler 1999 mein Gehirn untersuchten, fanden sie heraus, dass mein Parietallappen etwa 15 Prozent größer war als bei den meisten anderen Menschen.

Dieser Teil des Gehirns ist für die Verarbeitung räumlicher Verhältnisse, 3-D-Wahrnehmung und mathematisches Denken zuständig. Forscher glauben, das erklärte meine Intelligenz.

Meine größten Errungenschaften haben das Denken und die Herangehensweise heutiger Wissenschaftler geprägt. Jedes Mal, wenn ich eine erstaunliche Entdeckung machte, nahm ich sie zum Ausgangspunkt für die nächste. Seid entschlossen, und hört nie auf zu fragen – so finden sich die Antworten!

1879

Einstein wird am 14. März in Ulm geboren.

1880

Seine Familie zieht nach München.

1896

Er beginnt sein Studium an der Schule für Fachlehrer am Polytechnikum in Zürich.

1901

Einstein wird Schweizer Staatsbürger.

1902

Seine Tochter Lieserl wird geboren, und er tritt seine Stelle beim Schweizer Patentamt an.

Sein erster Sohn Hans wird geboren.

1904

Er wird zum außerordentlichen Professor an der Universität Zürich ernannt.

1909

1903

Er heiratet Mileva Marić, Lieserls Mutter.

1905

Einstein erhält die philosophische Doktorwürde und veröffentlicht vier Aufsätze, einen über seine Spezielle Relativitätstheorie.

1910

Sein zweiter Sohn Eduard wird geboren.

1911

Einstein wird Professor der Theoretischen Physik in Prag.

1914

Er wird Direktor des Kaiser-Wilhelm-Instituts für Physik, Professor an der Universität von Berlin und damit wieder deutscher Staatsbürger.

1915

Seine Allgemeine Relativitätstheorie ist vollendet.

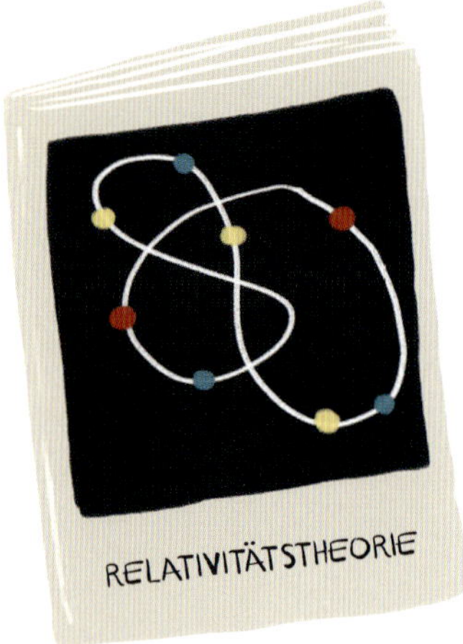

1919

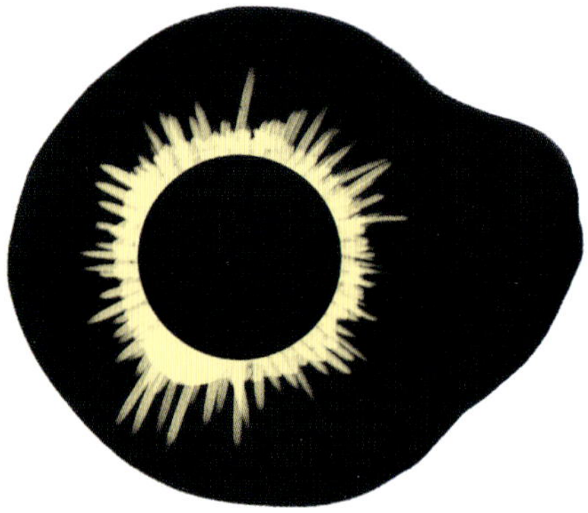

Eine Sonnenfinsternis bestätigt Einsteins Theorien. Er und Mileva lassen sich scheiden, er heiratet Elsa Löwenthal.

1921

Er gewinnt den Nobelpreis für Physik.

Seine Frau Elsa stirbt.

Er geht in den Ruhestand.

1936 **1945**

1933 **1940** **1955**

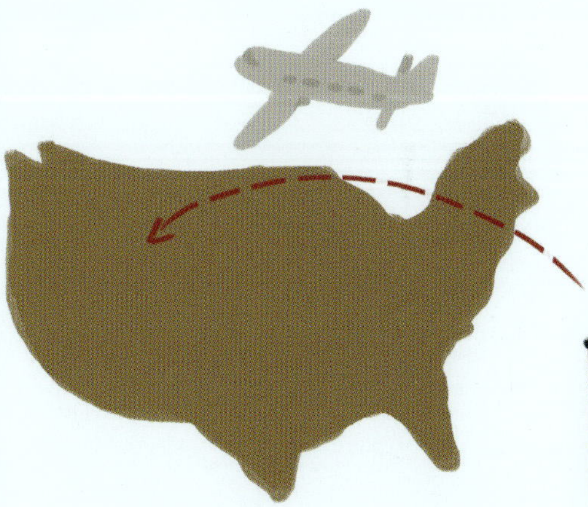

Einstein wandert nach Amerika aus.

Er wird US-amerikanischer Staatsbürger und lehrt als Professor für Theoretische Physik in Princeton.

Einstein stirbt im Alter von 76 Jahren.

Charles Darwin

Ich bin Charles Darwin. Ich bin Biologe und berühmt für meine Forschungen zur Evolutionstheorie. Diese beschreibt die Entwicklung von Tier- und Pflanzenarten als einen Prozess, den ich „natürliche Auslese" oder „Selektion" genannt habe. Zu meiner Zeit war der Gedanke, dass Arten sich verändern können und manche Lebewesen durch Anpassung überlebenstüchtiger sind als andere, höchst umstritten.

Begleitet mich auf meiner abenteuerlichen Seereise, und ich zeige euch, wie ich meine außergewöhnlichen Entdeckungen machte, die unsere Sicht auf die Entwicklung der Lebewesen für immer veränderten. Segelt mit mir um die Welt!

Ich wurde am 12. Februar 1809 in der englischen Kleinstadt Shrewsbury geboren. Mein Vater hieß Robert und war Arzt von Beruf. Meine Mutter Susannah stammte aus der Familie Wedgwood, die als Hersteller von hochfeiner Keramik berühmt war. Wir waren sechs Geschwister - ich war das zweitjüngste Kind. Meine Eltern erzogen uns im christlichen Glauben. Als ich acht Jahre alt war, starb meine Mutter, und so kümmerten sich meine älteren Schwestern um mich.

Mein Großvater Erasmus Darwin war von Beruf Naturforscher und Arzt. Er liebte das Philosophieren und war ein unabhängiger Denker mit eigenen Ansichten. Von 1794 bis 1796 schrieb er sein Buch „Zoonomie oder Gesetze des organischen Lebens", in dem er die radikale und äußerst umstrittene These vertrat, dass sich eine Art von Lebewesen in eine andere verwandeln könne.

Im Oktober 1825 - da war ich sechzehn Jahre alt - begann ich an der Universität in Edinburgh ein Medizinstudium. Es war der Wunsch meines Vaters, dass ich wie er selbst Arzt werden sollte, aber ich eignete mich nicht dafür, weil mir beim Anblick von Blut übel wurde.

Ich verbrachte damals viel Zeit mit Robert Edmond Grant, einem Arzt, der die Medizin zugunsten der Meeresbiologie aufgegeben hatte, um mit ihm über das Meeresleben zu diskutieren. Am 28. November 1826 wurde ich in die Plinian Society, eine Vereinigung naturkundlich interessierter Studenten, aufgenommen, in der ich viele radikale Freidenker kennenlernte.

Da Medizin eindeutig nicht das Richtige für mich war, schlug mein Vater vor, dass ich Geistlicher werden solle. Daher schrieb ich mich im Oktober 1827 am Christ's College in Cambridge ein und begann mein Theologiestudium im darauffolgenden Januar.

Allerding interessierte ich mich weiterhin besonders für Biologie und Naturgeschichte. So kam es, dass John Stevens Henslow, ein Professor für Botanik, mein Mentor wurde und ich viel Zeit in der freien Natur mit dem Sammeln von Käfern verbrachte. Mein Theologiestudium schloss ich im Jahr 1831 mit dem akademischen Grad eines *Baccalaureus Artium* ab.

Bevor ich jedoch eine Stelle als Geistlicher gefunden hatte, erhielt ich die Chance meines Lebens: John Henslow hatte mich als Naturforscher für eine Expedition an Bord des Segelschiffs HMS Beagle empfohlen. Es sollte eine fünfjährige Reise um die Welt werden, mit dem Ziel, die Küsten von Patagonien und Feuerland an der Südspitze Südamerikas zu erkunden.

Unter Kapitän Robert FitzRoy stachen wir am 27. Dezember 1831 vom englischen Hafen Plymouth aus in See. Ich war damals 22 Jahre alt und fürchterlich aufgeregt. Obwohl ich zu Beginn der Reise ganz schrecklich unter der Seekrankheit litt, war meine Vorfreude ungebrochen.

Bevor wir uns auf den Weg machten, hatte ich sichergestellt, dass ich alles dabeihatte, was ich zu meiner Forschung brauchte. So hatte ich mich zum Beispiel von Experten im Londoner Zoo beraten lassen, wie Tierkörper konserviert werden konnten. Schließlich war diese Reise eine einmalige Gelegenheit, um Grundprinzipien von Geologie, Botanik und Zoologie durch Beobachtung zu erkennen und zu verstehen. Ich habe viele Pflanzen und Fossilien gesammelt und an verschiedenen Orten die Landschaftsformen untersucht.

In fünf Jahren haben wir mit unserem Segelschiff vier Kontinente besucht, und ich habe so viel Zeit wie möglich an Land verbracht. Wann immer sich die Gelegenheit dazu bot, verließ ich das Schiff, um die Natur für längere Zeit intensiv zu studieren.

In Brasilien habe ich den Regenwald erforscht, in Argentinien viele Fossilien entdeckt, und in Chile wurde ich von der Insel Chiloé aus Augenzeuge des Ausbruchs des Vulkans Osorno.
Ein Forschungstagebuch nach dem anderen füllte ich akribisch mit meinen Notizen.

Schließlich ließen wir Südamerika hinter uns und machten auf den Galapagosinseln etwa 1000 Kilometer vor der Küste Ecuadors Halt. Fünf Wochen lang verbrachte ich Zeit mit Beobachtungen auf vier der kleinen Vulkaninseln: San Cristobal, Floreana, Isabela und Santiago. Ich entdeckte, dass sie sich in ihrer Flora und Fauna zwar ähnlich sind, dass sich die Pflanzen und Tiere jeder einzelnen Insel jedoch perfekt an die jeweiligen Besonderheiten angepasst hatten.

Am 2. Oktober 1836 landeten wir wieder in England. Mein Kopf war übervoll von all den außergewöhnlichen Dingen, die ich gesehen und erlebt hatte, und so begann ich sofort, meine neu gewonnenen Erkenntnisse aufzuschreiben.

Die Reise hatte mich tief beeindruckt und meine Sicht auf die Naturgeschichte grundlegend verändert. Meine Beobachtungen hatten den Samen einer revolutionär neuen Theorie gelegt, die ich nun ausarbeitete.

Ich hatte erkannt, dass die Tiere, die am besten an ihre Umgebung angepasst waren, länger überlebten und mehr Junge bekamen als die anderen, und umgekehrt, dass die Tiere ausstarben, die sich nicht anpassen und fortpflanzen konnten. Diesen Vorgang in der Entwicklung der Tier- und Pflanzenarten – der Evolution – nannte ich „natürliche Auslese“ oder „natürliche Selektion“. Ich behielt diese Theorie viele Jahre lang für mich.

Ab Januar 1837 nahm ich an den Treffen der Geological Society of London teil, einer Fachgesellschaft von Geologen. Ich präsentierte dort vier Beiträge über Entdeckungen, die ich während meiner Reise mit der HMS Beagle gemacht hatte. 1838 wurde ich zum Rat der Geological Society berufen. Am 2. November desselben Jahres machte ich Emma Wedgwood einen Heiratsantrag, und am 29. Januar 1839 heirateten wir. Wir bekamen zehn Kinder – sechs Jungen und vier Mädchen.

Zum Zeitpunkt meiner Heirat fiel es mir immer noch schwer, mit meiner neuen Theorie an die Öffentlichkeit zu gehen, weil sie nicht im Einklang mit der christlichen Lehre stand. Außerdem erinnerte ich mich daran, wie mein Großvater behandelt worden war, als er seine Theorie der „Transmutation", also der Veränderlichkeit der Arten, öffentlich gemacht hatte. Also hielt ich meine Ergebnisse unter Verschluss und veröffentlichte stattdessen 1839 mein Reisetagebuch „Die Fahrt der Beagle".

Mein christlicher Glaube wurde erschüttert, als meine älteste Tochter Anne 1851 im Alter von nur zehn Jahren starb. Diesen Verlust habe ich nie wirklich überwunden. Ich wurde selbst krank. Den Rest meines Lebens litt ich immer wieder unter starker Übelkeit. Der Grund dafür wurde nie gefunden: Manche meinen, ich hätte von der Reise eine Tropenkrankheit mitgebracht, andere vermuteten, dass ich auf belastende Ereignisse körperlich reagierte.

Noch während ich meine Theorie zur Evolution weiter ausarbeitete, veröffentlichte ich mehrere Bücher, darunter eines über Korallenriffe und ein weiteres über die Geologie Südamerikas. Diese Werke festigten meinen Ruf als Wissenschaftler, und 1853 verlieh mir die Royal Society die Königliche Medaille für meine detaillierte Studie über Rankenfußkrebse. Im folgenden Jahr wurde ich in den Philosophischen Club der Royal Society gewählt.

Bis Juni 1858 hatte ich bereits umfangreiche Texte über die Evolution und die Theorie der natürlichen Auslese geschrieben, aber niemand außer mir kannte den Inhalt. Den Anstoß, mit meiner Theorie an die Öffentlichkeit zu gehen, gab ein Brief von Alfred Russel Wallace an mich. Er war ein Bewunderer meiner Arbeit.

Meine Expedition mit der HMS Beagle hatte ihn sogar dazu ermutigt, selbst auf Forschungsreise zu gehen. Er hatte daraufhin eine eigene Theorie der natürlichen Selektion entwickelt und bat mich nun schriftlich um Rat, wie er sie veröffentlichen könnte. Wenn ich nicht schnell handeln würde, dann würden meine Ideen Wallace zugeschrieben werden.

Wallace war gerade im Ausland, daher ich konnte ihn nicht kontaktieren. Also musste ich allein entscheiden, wie es weitergehen sollte. Ich wollte einerseits die Anerkennung der Evolutionstherie als mein Werk, andererseits wollte ich aber auch Wallace würdigen. So wurde meine Theorie am 1. Juli 1858 auf einer Sitzung der Linnean Society, der führenden Vereinigung Großbritanniens für Naturgeschichte, vorgestellt.

Ich selbst konnt an diesem Treffen nicht teilnehmen, weil mein jüngster Sohn Charles mit nur 18 Monaten an Scharlach gestorben war. Also bat ich meine Freunde Charles Lyell und Joseph Hooker, einen Brief von mir vorzulesen. Die beiden präsentierten auch Auszüge aus meinen Studien und ebenso aus denen von Wallace, was dieser später auch als fair bezeichnete.

Im November 1859 folgte dann mein Buch mit der ausführlichen Erläuterung meiner Theorie. Es trug den Titel „Die Entstehung der Arten" und zeigte, wie die „natürliche Selektion" funktionierte. Eine der wichtigsten Erkenntnisse darin war, dass der Mensch und der Affe einen gemeinsamen Vorfahren haben.

Ich fürchtete um mein Ansehen, aber obwohl viele Menschen schockiert waren, gab es doch auch andere, die sich für meine Ausführungen interessierten. Die Zustimmung zu meiner Evolutionstheorie einschließlich der „natürlichen Selektion" wird heute „Darwinismus" genannt, und mein Buch gilt als eines der bedeutendsten überhaupt. Es ist weltweit in vielen Ausgaben erschienen.

Nach der Veröffentlichung meines Buches gab es große öffentliche Debatten über die Evolution mit vielen Teilnehmern. Ich selbst zögerte, meine Ideen dort zu verteidigen. Aber ein junger Biologe namens Thomas Huxley war unerschrocken genug, das zu tun. Es entbrannte eine Auseinandersetzung, die viele als Kampf zwischen Wissenschaft und Gott ansahen.

Auf einer Versammlung der British Association, einer Vereinigung, deren Ziel das Vorantreiben des wissenschaftlichen Fortschritts ist, stellte Huxley 1860 meine Theorie der Evolution gegen den biblischen Schöpfungsbericht, und es kam darüber zu einer Auseinandersetzung mit Bischof Samuel Wilberforce. Beide Seiten behaupteten, im Recht zu sein, und es war ein Zusammenstoß, der in die Geschichte eingehen sollte.

Am 30. November 1864 wurde ich mit der Copley-Medaille ausgezeichnet, der höchsten Auszeichnung der Royal Society. Sie wurde jährlich für herausragende Leistungen in der wissenschaftlichen Forschung verliehen. Von dieser Zeit an gab es immer längere Phasen, in denen ich krank war. Schließlich versagte mein Herz, und ich starb am 19. April 1882 im Haus meiner Familie.

Ich wurde in der Westminster Abbey in London im Beisein vieler wichtiger Persönlichkeiten aus der Wissenschaft beigesetzt. 1887, also fünf Jahre nach meinem Tod, wurde die Autobiografie veröffentlicht, an der ich seit 1876 geschrieben hatte. Sie war eigentlich nur für meine Enkelkinder gedacht gewesen. Erst im folgenden Jahrhundert konnten DNA-Studien schließlich den wissenschaftlichen Beweis für meine Evolutionstheorie liefern.

Ich hoffe, meine Geschichte bestärkt euch darin, an eigene Ideen zu glauben und sie auch zu verwirklichen. Habt keine Angst, überlieferte Vorstellungen zu hinterfragen, denn nur so kann Neues entwickelt und umgesetzt werden. Es wird immer Menschen geben, die widersprechen, und andere, die euch unterstützen, aber das Wichtigste ist: Habt Mut, und glaubt an euch selbst!

Charles Darwin wird am 12. Februar in Shrewsbury in Großbritannnien geboren.

Am 27. Dezember geht er an Bord des Segelschiffs HMS Beagle auf eine fünfjährige Weltreise.

Darwin freundet sich mit Robert Grant an und wird in die Plinian Society aufgenommen.

1809

1826

1831

1825

1827

Er beginnt ein Medizinstudium an der Universität in Edinburgh, interessiert sich aber viel mehr für Naturgeschichte.

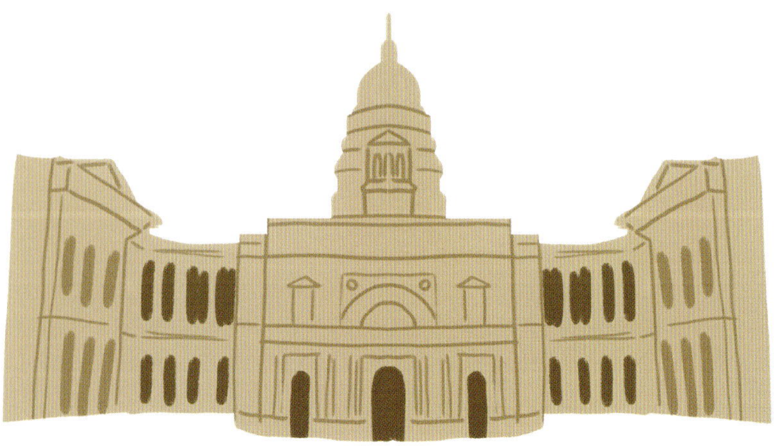

Er schreibt sich am Christ's College in Cambridge für ein Theologiestudium ein, um Geistlicher zu werden. John Stevens Henslow, ein Professor für Botanik, wird sein Mentor.

Darwin wird Mitglied der Geological Society of London.

Das Reisetagebuch von Charles Darwin, „Die Fahrt der Beagle“, wird veröffentlicht.

1837 **1839**

1836 **1838** **1842**

Am 2. Oktober kehrt Darwin nach Großbritannien zurück und beginnt sofort, seine Entdeckungen niederzuschreiben.

Er wird zum Rat der Geological Society berufen und macht Emma Wedgwood einen Heiratsantrag.

Umzug der Familie in das Downe House in Kent.

1851

Durch den Tod seiner älteste Tochter Anne mit nur zehn Jahren wird sein Glaube erschüttert.

1853

Seine Studie zu Rankenfußkrebsen wird mit der Königlichen Medaille der Royal Society ausgezeichnet.

1854

Charles Darwin wird in den Philosophischen Club der Royal Society gewählt.

1856

Der jüngste Sohn, Charles, wird geboren.

1858

Ein Brief von Alfred Russel Wallace veranlasst Darwin, mit seiner Theorie der Evolution und der „natürlichen Selektion" an die Öffentlichkeit zu gehen. Sein Sohn Charles stirbt an Scharlach.

Thomas Huxley verteidigt Darwins Theorie in einer öffentlichen Debatte gegen Bischof Samuel Wilberforce.

Charles Darwin stirbt am 19. April und wird in der Westminster Abbey in London beigesetzt.

1860

1882

1859

1864

1887

Darwins Buch „Die Entstehung der Arten" wird veröffentlicht.

Die Royal Society zeichnet Darwin mit der Copley-Medaille aus.

Darwins Autobiografie wird publiziert.

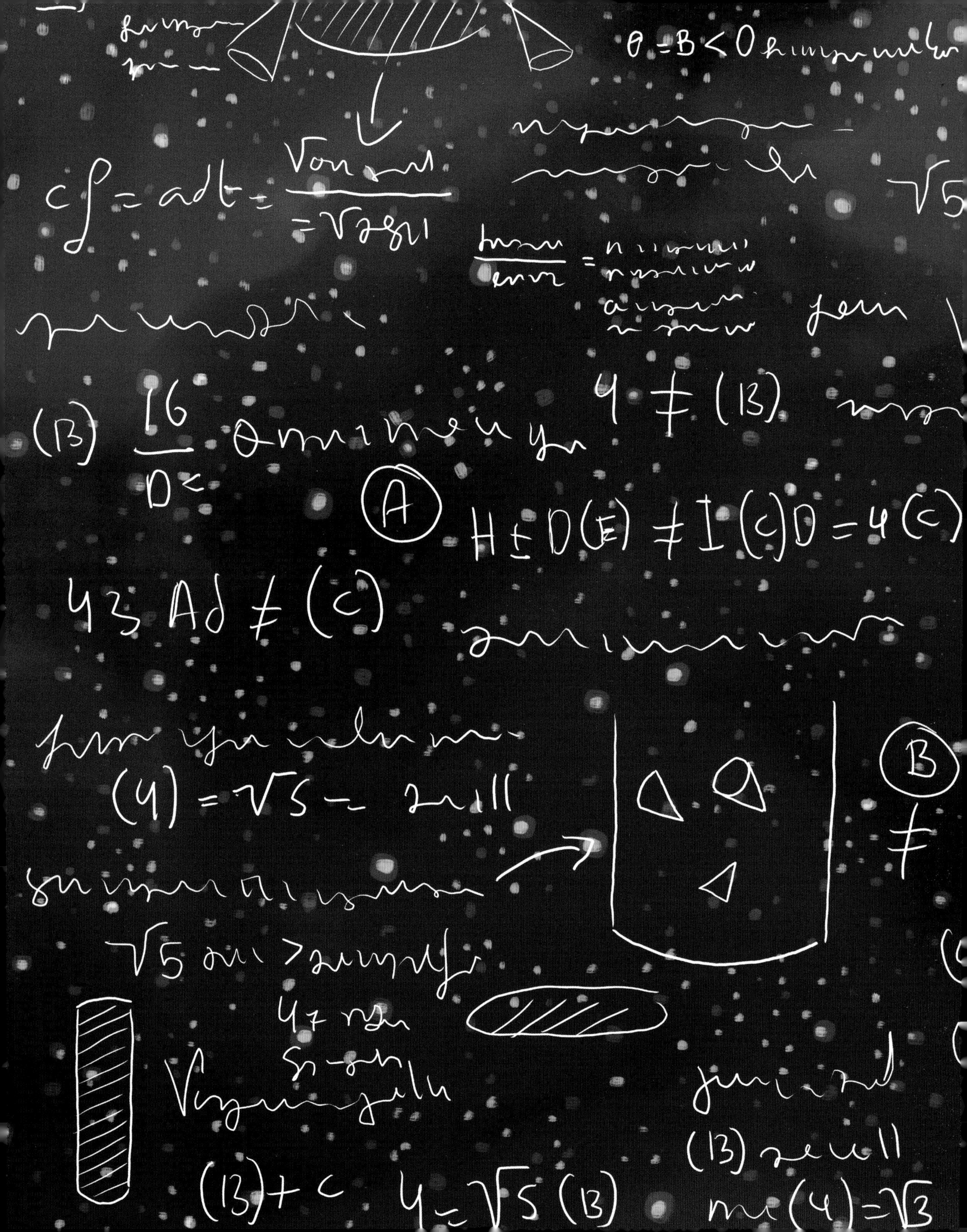

(B)
A
H ± D(E) ≠ I (C) D = 4 (C)
43 Ad ≠ (C)
(4) = √5
B
≠
(B) + c
4 = √5 (B)
(4) = √3

Stephen Hawking

Mein Name ist Stephen Hawking, und ich bin ein weltberühmter Wissenschaftler und Autor. Ich bin nicht nur für meine Arbeit an physikalischen Theorien zu schwarzen Löchern und Relativität bekannt, sondern auch weil ich aller Wahrscheinlichkeit zum Trotz mit einer Motoneuron-Krankheit viele Jahre länger gelebt habe, als die Ärzte es vorhergesagt hatten.

Lasst mich euch meine Lebensgeschichte erzählen und davon berichten, wie die Krankheit mich nicht davon abhalten konnte, meine Träume zu verwirklichen.

Ich wurde am 8. Januar 1942 in der englischen Stadt Oxford geboren. Ich fand es immer toll, dass dies auch der 300. Todestag des italienischen Astronomen und Mathematikers Galileo Galilei war. Meine Eltern waren Frank und Isobel Hawking, und ich war ihr ältestes Kind. Nach mir bekamen sie zwei Mädchen, Mary und Philippa, und als ich 14 Jahre alt war, adoptierten sie noch ein Kind, Edward.

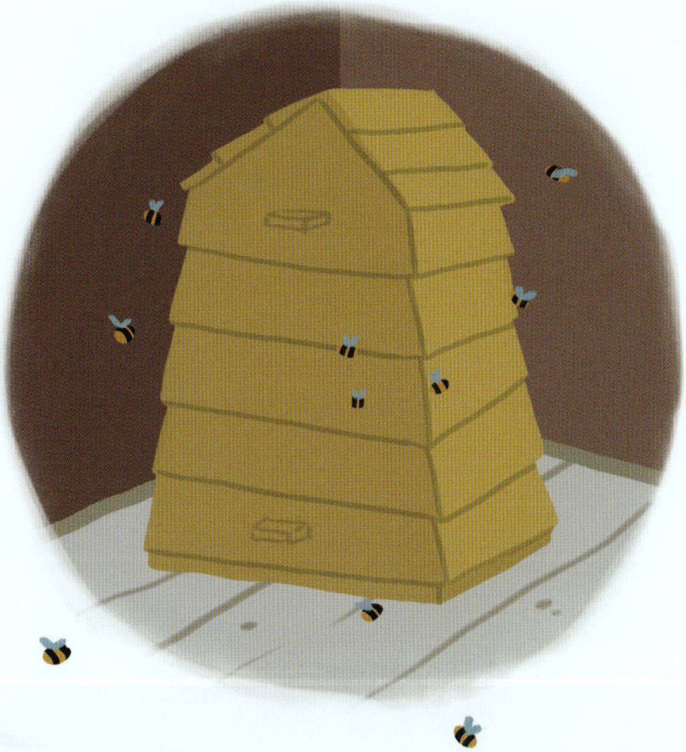

Die Leute bezeichneten unsere Familie als „exzentrisch" und „verkopft". Wir aßen oft schweigend und lasen Bücher dabei, wir hielten Bienen in unserem Keller, und unser Familienauto war ein umfunktioniertes Londoner Taxi.

Mein Vater war Tropenmediziner und wollte, dass ich in seine Fußstapfen trete und ebenfalls Mediziner würde. Aber ich interessierte mich mehr für Mathematik. Seit ich elf Jahre alt war, besuchte ich die St.-Albans-Schule, und obwohl ich ein kluges Köpfchen war, schenkte ich den Aktivitäten außerhalb des Klassenzimmers mehr Aufmerksamkeit als dem Unterricht.

Ich hatte ein paar gute Freunde, und wir liebten es, Brettspiele zu spielen und uns selbst Dinge auszudenken. Einmal bauten wir sogar eine Rechenmaschine aus alten Teilen zusammen und nutzten sie, um mathematische Probleme zu lösen. Aber meine liebste Beschäftigung war es, mit meiner Mutter und meinen Geschwistern im Gras zu liegen und die Sterne am Nachthimmel zu beobachten.

Ich begann 1959 im Alter von 17 Jahren mein Studium am University College in Oxford. An derselben Universität hatte mein Vater studiert. Mathe konnte man dort nicht studieren, also entschied ich mich für Physik mit dem Schwerpunkt Kosmologie.

Wie schon in der Schule gab ich mir nicht sonderlich viel Mühe bei meinem Studium. Glücklicherweise war ich intelligent genug, um auch ohne viel Aufwand nach drei Jahren einen ausgezeichneten naturwissenschaftlichen Abschluss in Händen zu halten.

1962 wechselte ich zur Cambridge University, um in Trinity Hall zu studieren und meinen Doktor in Kosmologie zu machen. Während meines ersten Jahres dort, kurz nach meinem 21. Geburtstag, wurde bei mir Amyotrophe Lateralsklerose - kurz ALS - diagnostiziert. Diese Motoneuron-Krankheit bewirkt, dass die Nerven, welche die Muskelbewegung steuern, zerstört werden.

Erste gesundheitliche Probleme hatte ich bereits in Oxford gehabt. Manchmal stolperte ich, oder meine Sprache wurde plötzlich undeutlich. Ich versuchte, die Symptome zu verbergen, doch mein Vater bemerkte sie schließlich und brachte mich zu einem Arzt. Tests ergaben, dass ich ALS im Frühstadium hatte, und die Ärzte glaubten, dass ich nur noch zweieinhalb Jahre zu leben hätte. Aber ich war entschlossen, dagegen anzukämpfen!

Kurz vor meiner Diagnose hatte ich eine junge Frau namens Jane Wilde auf einer Silversterparty kennengelernt. Sie studierte Sprachen am Westfield College der Universität von London. Wir verliebten uns schnell ineinander, und sie stand mir zur Seite, als ich ihr von meiner Krankheit erzählte. 1964 verlobten wir uns, und ein Jahr später heirateten wir.

Wir bekamen drei Kinder zusammen. Robert wurde 1967 geboren, Lucy 1970 und unser jüngster Sohn Timothy 1979.

Vor meiner Krankheit hatte ich mich bei meinen Studien nicht besonders bemüht. Doch als ich wusste, dass mir vielleicht nicht mehr viel Zeit bleiben würde, gab mir das die Motivation, die ich brauchte, um mich auf meine Promotion zu konzentrieren. 1966 reichte ich meine Doktorarbeit mit dem Titel „Merkmale sich ausdehnender Universen" ein. Im Jahr 1968 wurde ich Mitglied des Instituts für Astronomie in Cambridge.

Ab dem folgenden Jahr war ich gezwungen, im Rollstuhl zu sitzen, als die ALS voranschritt. Im Verlauf der nächsten Jahre benötigte ich für immer mehr Tätigkeiten Hilfe, und meine Sprache wurde so undeutlich, dass die Menschen Probleme hatten, mich zu verstehen.

Ich war fasziniert von der Arbeit des Kosmologen Roger Penrose, dessen Er-kenntnisse über das Schicksal von Sternen und die Entstehung schwarzer Löcher bahnbrechend waren. 1974 konnte ich zeigen, dass schwarze Löcher, die entstehen, wenn Sterne kollabieren, deren Masse nicht komplett aufnehmen, wie zuvor angenommen. Tatsächlich kann etwas Strahlung der Gravitation entkommen.

Meine Theorie machte mich zu einer bekannten Persönlichkeit in der Welt der Wissenschaft, und ich wurde noch im selben Jahr, im Alter von 32 Jahren, Mitglied der Royal Society. Penrose und ich begannen zusammenzuarbeiten, um unsere Ideen weiterzuentwickeln und noch mehr über die Entstehung des Universums zu lernen.

1985 bekam ich eine Lungenentzündung, und es musste ein Luftröhrenschnitt gemacht werden, durch den ich für immer meine Stimme verlor. Ich hatte Angst, nicht mehr arbeiten zu können, doch da trat der Computerprogrammierer Walter Woltosz auf den Plan. Er hatte den Equalizer entwickelt, ein Sprachprogramm, bei dem ich mithilfe einer Handsteuerung Wörter auf einem Computerbildschirm auswählen konnte, die dann in Sprache umgewandelt wurden.

Irgendwann konnte ich auch meine Hände nicht mehr bewegen, aber zum Glück ließ sich der Sprachcomputer auch über Kopf- oder Augenbewegungen steuern. Seither bediente ich ihn mit einem Wangenmuskel, an den ein Sensor angebracht war.

Dank des Computerprogramms konnte ich weiterhin schreiben. Ich arbeitete an vielen wissenschaftlichen Aufsätzen und auch an mehreren Büchern, durch die ich hoffte, meine Ideen mit einem größeren Publikum teilen zu können. 1988 erschien „Eine kurze Geschichte der Zeit", in der ich einen Überblick über Raum und Zeit gab und die Theorien großer Physiker, wie Newton und Einstein, behandelte.

Das Buch sollte ein großer Erfolg werden. Millionen Explare wurden weltweit verkauft, es wurde in mehr als 40 Sprachen übersetzt und führte über vier Jahre die Bestsellerliste der London Sunday Times an.

Im Jahr 1991 brachte der oscarprämierte Regisseur Errol Morris einen Dokumentarfilm über mein Leben heraus. Der Titel lautete „Eine kurze Geschichte der Zeit", wie der meines Buches. Ich tauchte auch in bekannten Fernsehserien auf, wie in „The Big Bang Theory" und „Die Simpsons". Damit konnte ich ein größeres, oft jüngeres, Publikum erreichen – und meinen schrägen Humor unter Beweis stellen! Ich wurde bekannt als der Rockstar unter den Wissenschaftlern.

Ich besuchte 2007 das Kennedy Space Center in Florida, wo ich die Schwerelosigkeit erleben konnte. An Bord einer umgebauten Boeing 727 flog ich für zwei Stunden über dem Atlantik. Als ich von meinem Rollstuhl befreit war, war ich komplett schwerelos. Überall auf der Welt druckten Zeitungen Fotos von mir ab, wie ich in der Luft schwebte.

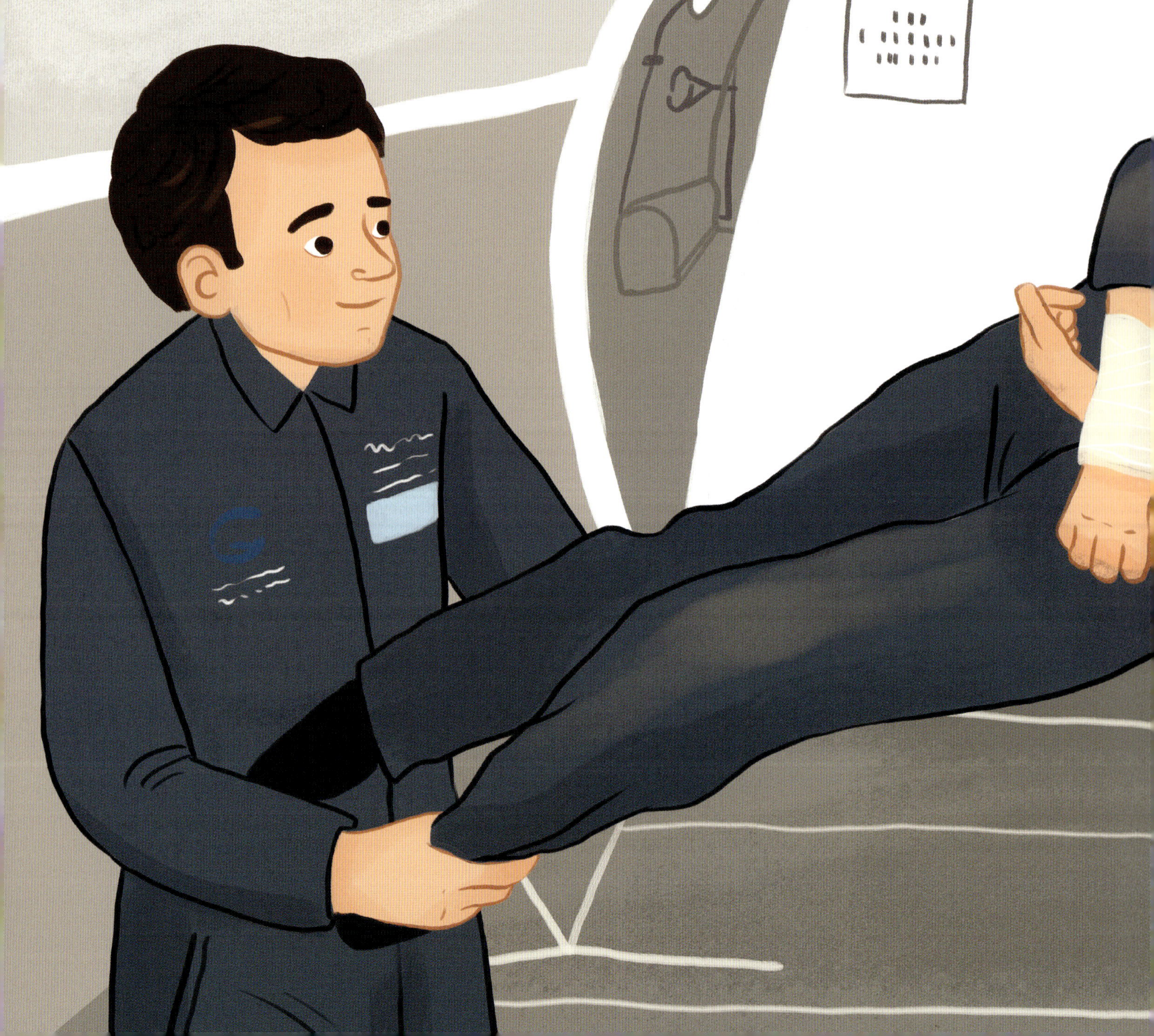

2015 nahm ich an einer Konferenz in Schweden teil, um neue Theorien über schwarze Löcher zu diskutieren. Ich sprach über das „Informationsparadoxon", das heißt über die Frage, was mit einem Objekt passiert, wenn es in ein schwarzes Loch fällt, und stellte eine neue Idee dazu vor.

Man ging bisher davon aus, dass die Information eines Objekts für immer verloren sei, wenn es einmal die äußere Grenze, den „Ereignishorizont", eines schwarzen Lochs überschritten hat. Ich nahm stattdessen an, dass die Information des Objekts in einer sie umgebenden „Halo" gesammelt ist. Somit wären schwarze Löcher keine ewigen Gefängnisse, sondern die gebündelte Information könnte vielleicht eines Tages wieder frei werden.

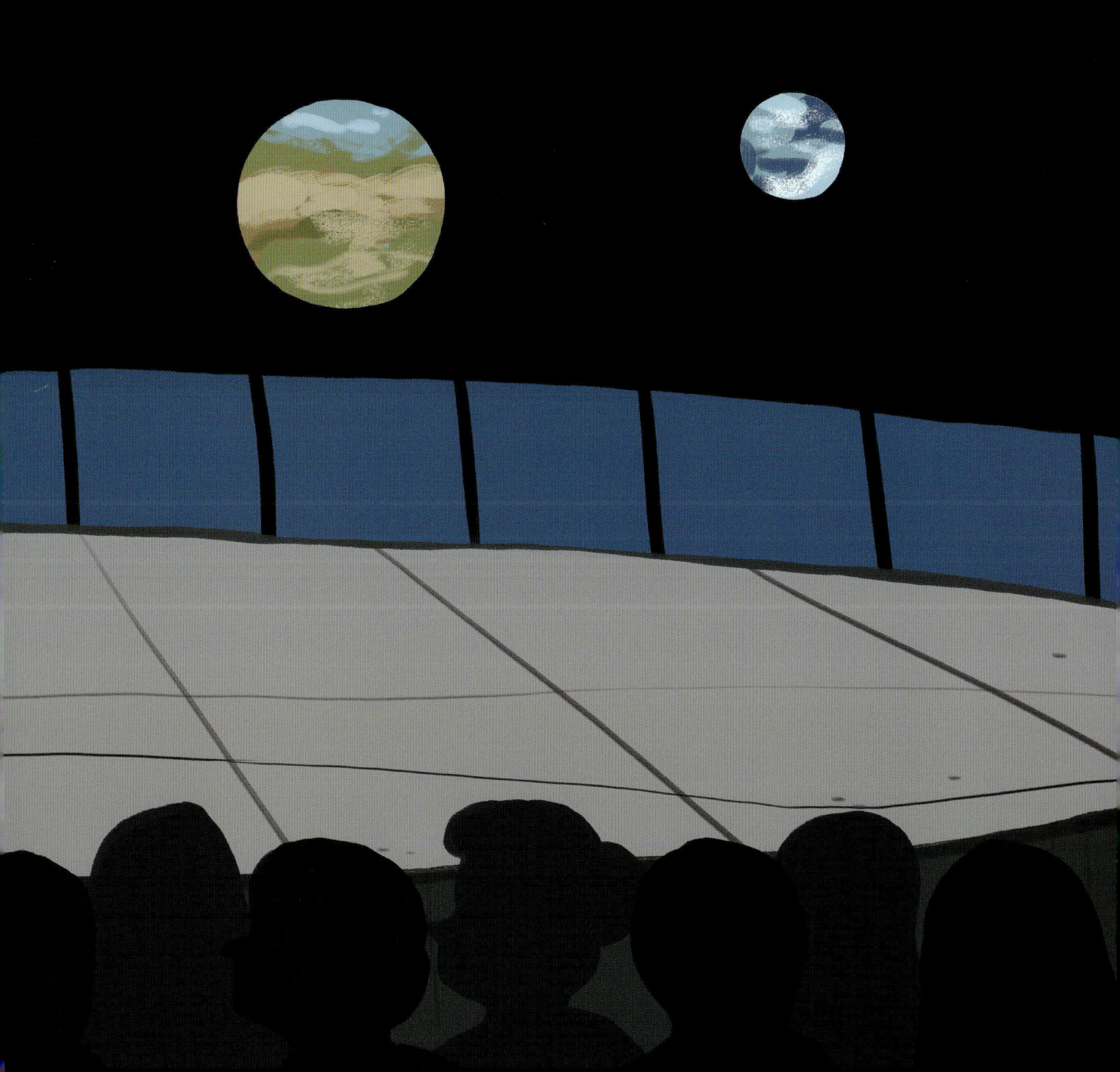

Ende 2017 stellte die Cambridge University meine Doktorarbeit auf ihre Website. Das Interesse war unglaublich groß, so groß, dass die überwältigende Anzahl der Aufrufe den Universitätsserver lahmlegte. Am Ende des ersten Tages wurde sie über 60 000-mal angesehen.

In dieser Arbeit wollte ich zeigen, dass die Urknalltheorie, nach der das Universum seinen Anfang in einem einzigen Punkt nahm, zutreffend ist. Auch wenn das heute als anerkannte wissenschaftliche Tatsache gilt – als ich 1966 meine Doktorarbeit schrieb, stritten sich die Forscher noch darüber.

Im Alter von 76 Jahren starb ich am 14. März 2018 in meinem Zuhause in Cambridge. Schlussendlich erlag ich der ALS, nachdem ich 50 Jahre länger als erwartet mit dieser Krankheit gelebt hatte.

Im selben Monat wurde bekannt gegeben, dass meine Asche in der Londoner Westminster Abbey beigesetzt werde. Dort würde ich Seite an Seite mit anderen Geistesgrößen, wie Sir Isaac Newton und Charles Darwin, ruhen.

Ich gelte als einer der hellsten Sterne am Wissenschaftshimmel, und mein Vermächtnis wird immer fortbestehen. Ich hoffe, dass meine Persönlichkeit, meine Entschlossenheit und meine zahlreichen Erfolge allen Widrigkeiten zum Trotz eine Inspiration für andere sein können, die mit ihren eigenen Herausforderungen umzugehen haben. Das Leben ist ein wertvolles Geschenk, also macht das Beste aus eurer Zeit, und lasst euch niemals unterkriegen. Ganz gleich, welche Rückschläge ihr erleidet, es gibt immer einen Weg, eure Träume zu verwirklichen - ihr müsst nur hinausgehen und ihn finden.

1942

Hawking wird am 8. Januar in Oxford geboren.

1953

Ab dem Alter von elf Jahren besucht er die St.-Albans-Schule.

1959

Mit 17 Jahren beginnt er sein Studium am University College in Oxford.

1962

Hawking macht seinen naturwissenschaftlichen Abschluss.
Er beginnt sein Promotionsstudium in Trinity Hall an der Cambridge University.
Er trifft Jane Wilde auf einer Silvesterparty.

1963

Kurz nach seinem 21. Geburtstag erhält Hawking die Diagnose ALS, eine Motoneuron-Krankheit.

Sie heiraten.

1965

Sein Sohn Robert wird geboren.

1967

1964

1966

1968

Hawking reicht seine Doktorarbeit ein.

Jane und Stephen verloben sich.

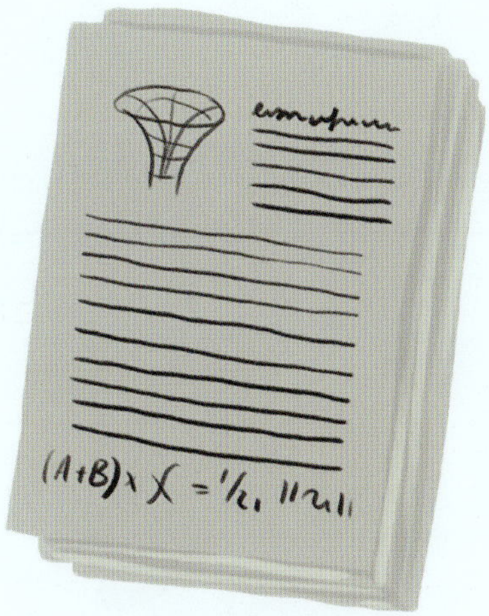

Hawking wird Mitglied des Instituts für Astronomie in Cambridge.

1969

Er sitzt jetzt im Rollstuhl.

1970

Seine Tochter Lucy wird geboren.

Hawking veröffentlicht seine Theorie über schwarze Löcher und Strahlung; er beginnt, mit Roger Penrose zu arbeiten.

1974

1979

Sein Sohn Timothy wird geboren.

Hawking hat eine Lungenentzündung und bekommt einen Luftröhrenschnitt. Er kann nicht mehr sprechen und verwendet von nun an Walter Woltosz' Sprachcomputer zum Kommunizieren.

1985

1991

Errol Morris' Dokumentarfilm „Eine kurze Geschichte der Zeit" wird veröffentlicht. Hawking erscheint von jetzt an in TV-Serien.

2015

Er spricht über das „Informationsparadoxon" schwarzer Löcher auf einer Konferenz in Schweden.

1988

Sein Buch „Eine kurze Geschichte der Zeit" erscheint.

2007

Bei einem Besuch des Kennedy Space Center in Florida erlebt Hawking die Schwerelosigkeit.

2018

Hawking stirbt am 14. März im Alter von 76 Jahren.

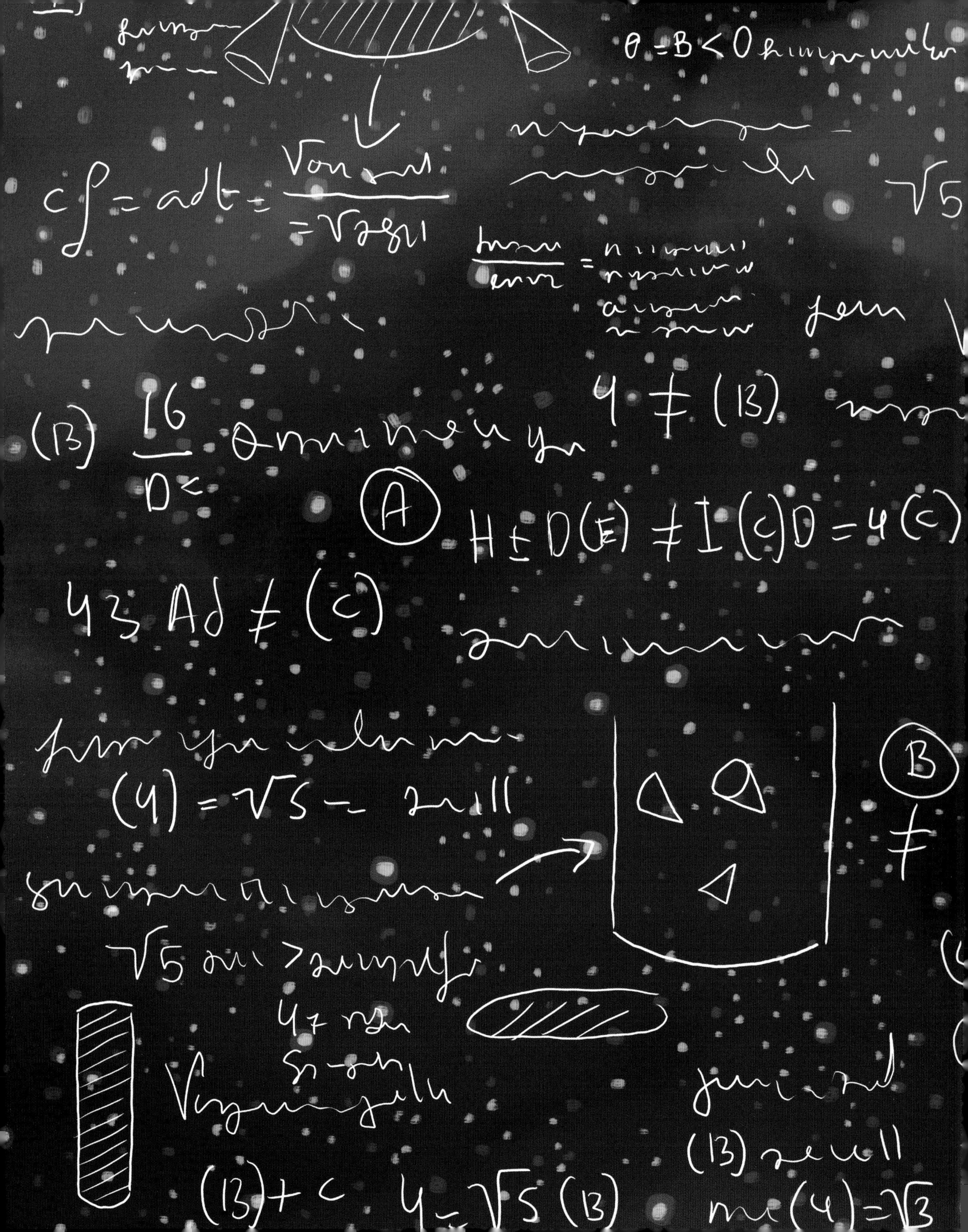

Illustriert von Isabel Muñoz

Geschrieben von Jane Kent

Gestaltet von Nick Ackland

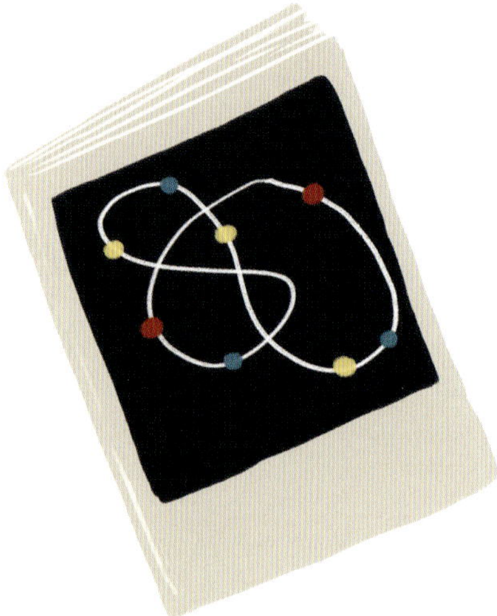

Produktion der Originalausgabe von I am a bookworm

Deutsche Ausgabe veröffentlicht von: © 2022 White Star Srl, Italien,
Lizenznehmer von: National Geographic Partners, LLC.

NATIONAL GEOGRAPHIC and Yellow Border Design are trademarks
of the National Geographic Society, used under license.

Producing der deutschen Ausgabe: SAW Communications,
Redaktionsbüro Dr. Sabine A. Werner, Klein-Winternheim, Mainz
Übersetzung: SAW Communications, Dr. Sabine A. Werner, Julia Gilcher
Lektorat: SAW Communications, Marc Niemeyer

ISBN 978-88-6312-565-8
1 2 3 4 5 6 26 25 24 23 22

Gedruckt in Kroatien

FSC
www.fsc.org
MIX
Papier aus verantwortungsvollen Quellen
FSC® C019238